EST TOMBÉE SUR LE TAPIS.

BOUM BOUM
BOUM BOUM
BOUM BOUM

Savais-tu que le cœur de la crevette
se trouve dans sa tête?

Mon premier est la première syllabe de papa.

Mon deuxième est un petit rongeur.

Mon troisième est une unité de poids.

Mon quatrième est la quatorzième consonne de l'alphabet.

Mon tout protège de la foudre.

• •

Deux bassets croisent un lévrier dans la rue.

- Tu aimes ces chiens-là? demande l'un des bassets à l'autre.

- Non, je ne peux pas les sentir!

Les crocodiles sont incapables
de sortir leur langue pour faire
une grimace.

COMMENT APPELLE-T-ON UNE VOITURE
QUI PEUT SIGNER SON NOM?

RÉPONSE : UN AUTOGRAPHE.

Deux chiens discutent. Le premier demande :

- Comment t'appelles-tu?

- Ché, répond l'autre.

- Ché? Quel drôle de nom!

- Pourtant, mon maître me dit toujours : « Va, cher Ché! »

Un couple de rats peut avoir plus
d'un million de descendants
en seulement 18 mois!

Mon premier est une rangée d'arbustes.

L'araignée tisse mon deuxième.

Mon troisième est un chiffre pair.

Mon quatrième est le féminin de père.

Mon tout vit dans l'océan.

8

QU'EST-CE QU'UN OISEAU MIGRATEUR?

RÉPONSE : UN OISEAU QUI SE GRATTE D'UN CÔTÉ SEULEMENT.

- Alors, cet examen? demande le papa kangourou à sa fille.
- Pas de problème, c'est dans la poche.

Voyant que la caissière ne lui prête pas attention, un client s'impatiente.

- Voyons, mademoiselle! Ça fait 20 minutes que je suis devant votre guichet!

- Et alors? répond la caissière. Moi, ça fait 15 ans que je suis derrière!

● ●

Deux amis se rencontrent.

- Tu pourrais me prêter 100 $? demande le premier.

- Je n'ai que 60 $, répond son ami.

- Donne toujours, tu me devras 40 $.

La vedette Marilyn Monroe avait
six orteils à un pied.

La chaise électrique a été inventée
en 1881 par Albert Southwick,
un dentiste.

POURQUOI EST-CE QU'ON MESURE
LES SERPENTS EN POUCES?

RÉPONSE : PARCE QU'ILS N'ONT PAS
DE PIEDS.

Mon premier est souvent bordé de
trottoirs.

Mon deuxième est synonyme
d'amoncellement.

Mon troisième réchauffe les pieds.

Mon quatrième est plus familier que
« garçon ».

Mon tout est entre le chou et le navet.

Le briquet a été inventé
avant l'allumette.

Le requin est le seul poisson
qui peut cligner des yeux.

QU'EST-CE QUI EST ENCORE
MEILLEUR QUE LE SALAMI?

RÉPONSE : LE PROPRAMI

- Comment tu as trouvé
la température pendant
tes vacances?

- Facile, je sortais et
elle était là!

Mon premier est un oiseau au plumage coloré.

Mon deuxième est le verbe pleuvoir conjugué à la 3e personne du singulier.

Mon troisième flotte sur l'eau savonneuse.

Mon tout est un fruit de la famille des agrumes.

COMMENT S'APPELLE LE FRÈRE
D'ALBERT EINSTEIN?

RÉPONSE : FRANK

Un escalier roulant est tombé
en panne à l'heure de pointe.
Quarante personnes sont restées
bloquées pendant cinq heures.

QUELLE EST LA FORME GÉOMÉTRIQUE
PRÉFÉRÉE DES CANARDS?

RÉPONSE : LE CUBE, CAR IL Y A PLEIN
DE COINS!

Dans un bar, un client demande :

- Garçon, un Titanic, s'il vous plaît!

- Avec ou sans glaçons? demande le garçon.

Lorsque la guêpe est écrasée,
elle sécrète une phéromone qui incite
les autres guêpes à attaquer
son agresseur.

Dans la jungle, deux touristes se retrouvent face à un tigre.

- Du calme, dit le premier. Tu te souviens de ce qu'on a lu dans le guide touristique? Si on le regarde dans les yeux, il va faire demi-tour et s'en aller.

- Crois-tu vraiment qu'il a lu le livre, lui aussi?

- Garçon, vous me facturez deux soupes, mais je n'en ai mangé qu'une seule!

- Monsieur oublie celle que j'ai renversée sur lui.

. . . .

Dans une corbeille de fruits, une petite pomme ronde regarde une poire tristement :

- La pauvre, elle ne tourne pas rond!

Les gens commencent à rapetisser
à partir de l'âge de 30 ans.

Mon premier n'est ni ton, ni son.

Mon deuxième est un sport où plusieurs bâtons sont utilisés.

Mon troisième est l'opposé de demain.

Mon tout peut voler.

• •

- J'ai deux nouvelles à t'annoncer.
- Commence par la bonne.
- C'est impossible, ce sont deux mauvaises.

Personne ne sait pourquoi
le **coin coin** du canard ne fait
aucun écho.

Les pommes sont plus efficaces que
la caféine pour réveiller
les gens le matin.

DE QUELS PAYS VIENNENT LES COCHONS?

RÉPONSE : DES QUATRE GROINS
DU MONDE.

Un pilote veut atterrir sur la piste.
Le contrôleur communique avec lui :

- Donnez-moi votre position et votre
hauteur.

Le pilote répond :

- Je suis assis et je mesure 1 m 80!

Un professeur, un médecin et un fou sont sur une île déserte. Ils désespèrent de s'en sortir quand soudain, un génie apparaît et leur accorde à chacun un vœu. Le professeur demande de rentrer chez lui, et le vœu est exaucé. Le médecin veut retrouver sa famille et ses enfants, et le vœu est exaucé.

- Et toi, que veux-tu? demande le génie au fou.

- Je m'ennuie tout seul. J'aimerais que mes deux copains reviennent.

Et le vœu est exaucé.

À la piscine, un petit garçon se fait disputer parce qu'il a fait pipi dans l'eau.

- Mais, proteste-t-il, je ne suis pas le seul!

- Oui, du haut du plongeoir, tu es le seul! répond le maître-nageur.

....

Deux vers se rencontrent dans une pomme.

- Tiens, je ne savais pas que vous habitiez le quartier!

Walt Disney, l'inventeur de
Mickey Mouse et Minnie Mouse,
avait peur des souris.

Il n'y a pas que la fourrure du tigre qui est rayée, sa peau l'est également.

Vénus est la seule planète qui tourne
dans le sens des aiguilles d'une montre.

Dans un parc :

- Cet endroit est idéal pour un pique-nique.

- Sûrement. Ces fourmis ne peuvent pas toutes se tromper.

• •

Mon premier est un adverbe de temps.

Mon second est un des cinq sens.

Mon troisième peut être une couleur de cheveux.

Mon tout est un grand mammifère sauteur.

Mon premier est au milieu du pain.

Mon deuxième est idéal pour dormir.

Mon troisième est aussi nommé
la planète bleue.

Mon tout fait partie de l'armée.

· ·

Deux ballons sont devant une
discothèque. L'un d'eux dit :

- Viens, on va s'éclater.

L'autre lui répond :

- T'es gonflé!

Deux fous errent dans le désert depuis plusieurs jours. Ils meurent de soif.

– J'ai un truc infaillible pour lutter contre la soif, déclare le premier.

– Qu'est-ce? interroge le second.

– Il faut sucer des cailloux…

– Alors on est cuits, il n'y a que du sable à perte de vue.

Les deux fous reprennent leur pénible progression sur les dunes.

– On serait sauvés si on trouvait une rivière, s'exclame soudain le second.

– Tu as raison, réplique le premier. Au fond des rivières, il y a toujours des cailloux…

Par une belle journée d'hiver, un fou s'installe sur la glace, sort sa scie et sa canne à pêche, et commence à découper un trou dans la glace. À ce moment-là, une voix d'outre-tombe annonce :

- Il n'y a pas de poissons ici!

Le fou, stupéfait, s'arrête, regarde autour de lui, ne voit personne, et continue. La voix tonne :

- Il n'y a pas de poissons ici!

Le fou s'arrête, tend l'oreille... mais en ne voyant personne, reprend son travail.

- Il n'y a pas de poissons ici! reprend la voix.

Le fou, exaspéré, se lève et demande :

- Mais qui parle?

- Le directeur de la patinoire! répond la voix.

Une femme entre chez le médecin et dit :

- Docteur, quand j'appuie sur mon front, ça fait mal. Quand j'appuie sur mon menton, ça fait mal. Sur mon nez, ça fait mal. Ça fait mal quand j'appuie sur mes épaules, mes coudes, mes jambes, mes genoux et mes pieds.

- J'ai trouvé! dit le médecin. Vous avez le doigt cassé!

POURQUOI EST-CE QUE LES CIGOGNES
SE REPOSENT, UNE PATTE EN L'AIR?

RÉPONSE : PARCE QUE SI ELLES
LEVAIENT LES DEUX,
ELLES TOMBERAIENT.

Deux dames d'un certain âge,
très coquettes, se rencontrent.

- Vous êtes toujours jeune,
chère amie!

- Merci! Comment vous retourner
le compliment?

- Euh... faites comme moi, mentez!

POURQUOI EST-CE QUE LE FERMIER
A ENTERRÉ SON ARGENT?

RÉPONSE : POUR AVOIR UN SOL
PLUS RICHE.

Mon premier est la 11e lettre de l'alphabet.

On boit beaucoup de mon deuxième en Angleterre.

Mon troisième recouvre le matelas.

Mon quatrième est un article masculin.

Mon tout est une grande église.

C'est le premier jour de classe et le nouveau professeur fait connaissance avec ses élèves.

- Et toi, comment t'appelles-tu?

- Martin.

- Apprends que, lorsque tu me parles, tu dois dire « Monsieur ».

- Ah bon, très bien.

- Reprenons. Comment t'appelles-tu?

- Monsieur Martin!

L'humain le plus rapide peut nager à 13 km/h. Le dauphin, lui, peut nager à 77 km/h!

Une personne peut vivre sans nourriture pendant un mois, mais ne peut vivre qu'une semaine sans eau.

Mon premier soutient la voile.

Mon deuxième est utilisé en infusion.

Mon troisième qualifie un matériau qui
ne brille pas.

Mon quatrième est une habitude
incommodante dont on ne peut se
débarrasser.

Mon tout fait le bonheur des étudiants.

Deux mères discutent...

- Ma petite fille est tellement intelligente que, même si elle est juste en deuxième année, elle peut épeler son nom dans les deux sens!

- Ah oui? Et quel est son nom?

- Anna!

●●●●●●●●●●●●●●●●●●●●●●●●●●●●●●●●●●●●●●●

Au restaurant, M. Dupont s'écrie :

- Garçon, il y a une mouche qui nage dans mon assiette.

- Oh, c'est encore le chef qui a mis trop de potage. D'habitude, elles ont pied!

La maman de Tom dit à son mari :

- Tom se plaint qu'il a mal à la tête. Je pense qu'il vaudrait mieux appeler le médecin.

- Oh! laisse tomber, répond son mari, il nous fait le coup au moins une fois par semaine!

- Oui, dit la maman, mais aujourd'hui, c'est la première fois qu'il le fait alors qu'il n'a pas d'école.

Les rats sont très agressifs et se battent énormément. Ils ne tolèrent aucun étranger sur leur territoire.

- Albert, que fais-tu? demande la maman lion qui voit son lionceau courir autour d'un arbre.

- Je cours après le chasseur, répond le petit.

- Combien de fois dois-je te dire de ne pas jouer avec ta nourriture? rugit sa maman.

....

- Ces roches ont été déposées ici par un glacier, il y a des milliers d'années, dit le professeur de sciences à sa classe.

- Où est le glacier aujourd'hui? demande un élève.

- Il est parti chercher d'autres roches, répond le professeur.

La colonne vertébrale de l'humain compte 33 vertèbres, alors que celle du serpent en compte 500.

Mon premier est le participe passé du verbe plaire.

Mon deuxième imite le cri de la vache.

Mon troisième prolonge la main.

Mon quatrième est un endroit où vivent toutes sortes d'animaux.

Mon tout peut servir à voler ou à écrire.

QU'EST-CE QUI EST À LA FOIS SUR
TERRE ET 1000 PIEDS EN L'AIR?

RÉPONSE : UN MILLE-PATTES COUCHÉ
SUR LE DOS!

Mon premier est une conjonction qui
unit deux mots.

Mon deuxième est un traitement de
santé qui dure un certain temps.

Mon troisième sert à voir.

Mon tout est un rongeur qui aime
les noix.

Les guêpes mâles n'ont pas de dard et
ne sont utiles qu'à la reproduction.

Après une tempête de neige très violente, un homme est emprisonné dans sa cabane au fond de la forêt. La Croix-Rouge est au courant de la situation et, après plusieurs jours, les sauveteurs arrivent à déblayer un chemin jusqu'à la cabane. Ils dégagent le devant de la maison et ils frappent à la porte. Ils ne s'attendent pas à avoir de réponse, mais ils entendent :

- Qu'est-ce que c'est?

- C'est la Croix-Rouge! répondent-ils.

- On a déjà donné! répond l'homme.

- Allo, qui est au bout du fil?

- L'aiguille.

....

Un psychiatre essaie d'évaluer la santé mentale de son patient, et lui pose les questions suivantes :

- Vous arrive-t-il d'entendre des voix sans savoir à qui elles appartiennent, ni d'où elles viennent?

- Oh oui! répond le patient.

- Et cela vous arrive-t-il souvent? demande le psychiatre.

- Chaque fois que je réponds au téléphone, réplique le patient.

- Allo, Rangeade? Ici Tronade.

• •

Un guide mène un groupe de touristes dans la forêt.
Le troisième jour, l'un des touristes se rend compte qu'ils tournent en rond. Furieux, il s'exclame :

- Nous sommes perdus! Vous nous aviez pourtant assuré que vous étiez le meilleur guide au Canada!

- Mais je le suis! répond le guide. Seulement, je pense que nous sommes maintenant aux États-Unis.

Si un homme criait pendant huit ans, sept mois et six jours, il produirait assez d'énergie sonore pour réchauffer une tasse de café.

Le fémur, l'os de la cuisse,
est plus fort que du béton.

- Connaissez-vous l'histoire de la cigarette?
- Non!
- Pourtant, elle a fait un tabac!

• •

On fabrique des bijoux avec mon premier.

Mon deuxième abrite les oiseaux.

Mon troisième est un orteil, en anglais.

Mon quatrième est l'endroit où l'on habite.

Mon tout est la science qui porte sur les oiseaux.

Le yo-yo est originaire des jungles philippines, où on l'utilisait comme arme.

QUEL EST LE MOYEN LE PLUS ÉCONOMIQUE
DE TÉLÉPHONER À SES AMIS OUTRE-MER?

RÉPONSE : LEUR TÉLÉPHONER QUAND ILS
NE SONT PAS CHEZ EUX!

COMMENT UN COIFFEUR TERMINE-T-IL SES
CONVERSATIONS AVEC LES CLIENTS TROP
BAVARDS?

RÉPONSE : IL LES COUPE COURT.

QUE DIT LA MAMAN DE LA LUCIOLE?

RÉPONSE : ELLE EST BRILLANTE,
MA FILLE!

- L'orage hier soir était terrible, dit Gabrielle.

- Pourquoi ne m'as-tu pas réveillé? s'exclame Benoît. Tu sais que je n'arrive pas à dormir pendant les orages.

Mon premier vient souvent avec « ne ».

Mon deuxième ne qualifie pas une personne turbulente.

Mon troisième est la 1re voyelle de l'alphabet.

Mon quatrième est douillet pour l'oiseau.

Mon cinquième est le petit de la vache.

Mon tout est une sorte de pont sur une route.

QU'OBTIENT-ON EN CROISANT UNE MITE AVEC UN VER LUISANT?

RÉPONSE : UNE MITE QUI VOIT BIEN DANS LES PLACARDS NOIRS.

Les humains naissent avec 300 os mais il ne leur en reste que 206 lorsqu'ils sont adultes.

- As-tu entendu parler de l'expert en karaté qui s'est inscrit à l'armée? La première fois qu'il a salué, il a fêlé son casque!

....

Mon premier est le petit du daim.

Mon deuxième est une note de musique.

Mon troisième n'est pas carré.

Mon tout se prend pour un autre.

- Je peux te dire ce que sera le pointage de la partie de hockey avant que le jeu commence, se vante un petit garçon à son ami.

- Ah oui? dit l'autre. Qu'est-ce que ce sera?

- Zéro à zéro, répond fièrement le premier.

MONSIEUR ET MADAME LAIRBON ONT UN FILS. COMMENT L'APPELLENT-ILS?

RÉPONSE : OUSSAMA

Un homme en retard a manqué les deux premières périodes d'une partie de hockey. Il s'assoit à sa place et demande à son voisin :

- Quel est le pointage?

- C'est 5 à 8, lui répond l'autre.

- Et qui gagne? demande le premier.

- L'équipe qui a 8, lui dit son voisin.

Beethoven trempait sa tête dans
l'eau froide avant de composer.

- J'ai entendu dire que tu suis des cours de musculation à distance, dit Joseph à son ami Paul.

- C'est vrai, répond Paul. Chaque semaine, le facteur me livre une nouvelle pièce d'équipement.

- Pourtant, lui dit Joseph, tu ne sembles pas avoir des muscles plus développés.

- Moi, non, dit Paul, mais tu devrais voir ceux du facteur!

QUEL EST L'ANIMAL LE PLUS RAPPORTEUR?

RÉPONSE : LE CHEVAL, PARCE QUE
CHEVAL DIRE À MA MÈRE!

Mon premier est le petit du chevreuil.

Mon deuxième est un récipient muni d'une anse.

Mon troisième est un acarien parasite des animaux.

Mon tout est un synonyme de « fabuleux ».

Ça ne prend que 20 secondes à un globule rouge pour faire le tour complet du corps humain.

Un joueur de football revient d'un examen médical et rencontre son entraîneur :

- Monsieur, mon médecin me dit que je ne peux pas jouer au football.

- Pas besoin d'aller chez le médecin pour ça, mon garçon, j'aurais pu te le dire moi-même, répond l'entraîneur.

Les chats et les chiens de couleur pâle peuvent attraper des coups de soleil, surtout sur le museau et sur la pointe des oreilles.

Lors d'une promenade avec ses parents, Sophie trouve une couleuvre.

- Venez vite, hurle-t-elle, j'ai trouvé une queue sans chien!

....

Lors d'une journée d'hiver, deux types vont faire une course au magasin. En revenant, ils s'aperçoivent qu'ils ont barré les portes de la voiture et qu'ils ont laissé les clés à l'intérieur. Au bout de deux heures, un serrurier arrive et leur ouvre les portes. Leurs femmes, bien au chaud à l'intérieur, s'exclament aussitôt :

- Vous en avez mis du temps!

- Louis, cite-moi le nom d'un rapace, dit l'enseignante.

- L'hirondelle parce qu'elle passe et rapace, répond Louis.

....

Deux vaches discutent dans un pré.

- Tu n'as pas peur d'attraper la maladie de la vache folle? dit la première.

- Je n'ai rien à craindre, répond la seconde, je suis un canard. Coin-coin!

OÙ TROUVE-T-ON DES CHATS DRÔLES?

RÉPONSE : DANS LES LIVRES, CAR IL Y A
DES CHAPITRES.

Paul passe ses journées à faire des allers-retours à sa boîte aux lettres. Un jour, son voisin l'interpelle :

- Pourquoi passez-vous vos journées à aller à votre boîte aux lettres?

- Parce que mon ordinateur me dit que j'ai du courrier, donc je vais voir! répond Paul.

Environ le tiers de toutes les espèces de reptiles dans le monde sont des serpents.

Sur le bord du Nil, trois fous voyant un crocodile dans l'eau se mettent à lui jeter des cailloux. À un moment, le crocodile, en colère, s'approche de la rive, prêt à monter sur la berge. Deux des fous se sauvent et montent dans un arbre. Le troisième, impassible, ne bouge pas. Les autres l'appellent et lui disent de se sauver. Alors l'autre leur répond :

- Je n'ai pas à m'inquiéter : je n'ai pas lancé de cailloux, moi.

QUEL EST LE COMBLE POUR UN ÉLECTRICIEN?

RÉPONSE : NE PLUS ÊTRE AU COURANT!

QUEL EST LE COMBLE POUR UN MÉDECIN?

RÉPONSE : EXAMINER UN CRAYON POUR
VOIR S'IL A BONNE MINE.

- L'autre jour, j'ai failli perdre ma montre. Elle était arrêtée et moi, je continuais à marcher.

....

Deux martiens sont arrêtés au feu rouge. Le feu passe au vert et l'un d'eux s'écrie :

- Tu as vu, il me fait de l'œil!

QUEL EST L'ANIMAL LE PLUS EFFROYABLE?

RÉPONSE : LE CARIBOUH!

QUE DIT LE VAMPIRE À SES COPAINS?

RÉPONSE : ALLONS PRENDRE UN COU!

QUE S'EST-IL PASSÉ EN L'AN **1111**?
RÉPONSE : L'INVASION DES HUNS.

Au magasin, un monsieur demande un insecticide.

- C'est pour les moustiques ou pour les mites? demande le commis.

- C'est pour moi, répond le type, j'ai le cafard!

Un explorateur se retrouve face à un lion. Apeuré, il dit :

- Dieu, faites que ce lion ait une pensée chrétienne.

Et le lion répond :

- Dieu, bénissez ce repas.

• •

- Que fait une limace sur le dos d'une tortue?

- **IIIIIAAAAAAAAAAAAAHHHHHH!**

Un fermier demande à son voisin :

- Qu'as-tu donné à ton cheval quand il est tombé malade le mois dernier?

- De la térébenthine, répond le voisin.

Une semaine plus tard, le fermier revoit son voisin et dit :

- J'ai donné de la térébenthine à mon cheval, mais il est mort sur le coup!

- Ah bon? Le tien aussi? répond le voisin.

QUELLE DIFFÉRENCE Y A-T-IL ENTRE UN
ROUQUIN ET UN REQUIN?

RÉPONSE : LE ROUQUIN A LES CHEVEUX
DU PÈRE, ET LE REQUIN, LES
DENTS DE LA MÈRE.

Une poule rencontre une autre
poule.

- Tu viens? lui dit-elle. On
va prendre un ver.

La course à pied était le seul sport
pratiqué lors des premiers
Jeux olympiques.

Lors d'une exposition canine,
deux personnes discutent :
- Vous êtes un habitué?
- Non, un mordu!

QUELLE EST L'EXPRESSION
PRÉFÉRÉE D'UN VAMPIRE?

RÉPONSE : BON SANG!

- Qu'a dit Tarzan en voyant arriver les éléphants?

- Oh! voilà les éléphants.

....

Un homme va acheter un lit et demande à ce qu'il soit très solide.

Le vendeur s'étonne :

- Pourtant, vous n'êtes pas si gros.

- Non, mais j'ai le sommeil lourd, répond l'homme.

- Qu'a dit Tarzan en voyant arriver les éléphants avec des lunettes noires?

- Rien, car il ne les a pas reconnus.

....

Un fou se tient en haut d'une grande échelle avec un livre.

- Que faites-vous? lui demande un passant.

- Je fais des études supérieures, répond le fou.

Une jeune fille se plaint à son amie :

- À tous nos rendez-vous, il m'offre des fleurs fanées.

- Eh bien, essaye d'arriver à l'heure, répond l'amie.

QUEL EST LE COMBLE DE LA SÉCHERESSE?

RÉPONSE : C'EST UNE VACHE QUI DONNE DU LAIT EN POUDRE.

Tu brûles plus de calories en dormant
qu'en écoutant la télévision.

Une femme discute avec une amie :

- J'ai un mari en or.

L'autre lui répond :

- Moi, le mien, il est en tôle.

POURQUOI LA VACHE A-T-ELLE
LES YEUX FERMÉS?

RÉPONSE : PARCE QU'ELLE FABRIQUE
DU LAIT CONCENTRÉ!

Le hibou est l'un des seuls oiseaux
qui peuvent voir ou reconnaître
la couleur bleue.

- Alors mon cher, ces vacances? Où étiez-vous?

- Oh, la première semaine, j'étais dans les Alpes et les deux suivantes, j'étais dans le plâtre.

QU'EST-CE QUI A DEUX BOSSES ET QU'ON TROUVE AU PÔLE NORD?

RÉPONSE : UN CHAMEAU QUI S'EST PERDU!

En juillet 1934, Babe Ruth a donné 20 $ à un de ses admirateurs pour qu'il lui redonne la balle qui avait servi lors de son 700e coup de circuit.

Le règlement du badminton olympique stipule que le volant doit avoir exactement 14 plumes.

QUE DIT UN SERPENT À UN AUTRE
SERPENT?

RÉPONSE : QUELLE HEURE REPTILE?

SI UNE POMME EST ROUGE, JAUNE ET
VERTE, COMMENT L'APPELLE-T-ON?

RÉPONSE : ON LA PÈLE AVEC
UN COUTEAU.

Mon premier est un insecte parasite qui vit sur l'homme.

Mon deuxième est la 12e consomne de l'alphabet.

Mon troisième est un chiffre pair.

De nombreux bateaux s'arrêtent à mon quatrième.

Mon cinquième est le pluriel de celui.

On tricote avec mon sixième.

Mon tout est très fragile.

La pomme, l'oignon et la pomme de terre ont tous le même goût.
La différence est due à leur odeur.

L'œil de l'autruche est plus gros que son cerveau.

Un vieux rat rencontre une petite taupe. Curieux, il lui demande :

- Que veux-tu faire plus tard, ma petite?

- Je veux être taupe-modèle, répond la petite taupe.

● ●

- Quel poisson ne fête pas son anniversaire?

- Le poisson panné.

QU'EST-CE QUI FAIT 999 FOIS « TIC »
ET 1 FOIS « TOC »?
RÉPONSE : UN MILLE-PATTES QUI A
UNE JAMBE DE BOIS.

QUELLE EST L'EXPRESSION
PRÉFÉRÉE DES DENTISTES?
RÉPONSE : DIEU VOUS PROTHÈSE.

Comme le lait, la dinde contient
un acide qui peut causer le sommeil.

- Quand une voiture roule,
est-ce que l'air à l'intérieur
des pneus tourne?

POURQUOI LES TRAINS ÉLECTRIQUES
VONT-ILS PLUS VITE QUE LES TRAINS
À VAPEUR?

RÉPONSE : PARCE QU'ILS ONT ARRÊTÉ
DE FUMER.

POURQUOI LE PAPE N'A-T-IL PAS
BESOIN DE VOITURE?

RÉPONSE : PARCE QU'IL PORTE DES
VÊTEMENTS SACERDOTAUX.

Plus un objet tombe moins vite,
moins sa vitesse est plus grande,
et vice-versa.

Un maringouin a 47 dents! Aïe!

Il y a 10 ans, en Chine, il n'y avait que 500 personnes qui savaient skier. Aujourd'hui, il y en a 5 000 000.

Jessica court vers sa mère :

- Maman, nos voisins sont très, très pauvres.

- Pourquoi dis-tu cela? demande sa mère.

- Ils sont en train de crier très fort parce que leur fille a avalé une pièce de deux dollars! répond Jessica.

· ·

Un bœuf veut prendre une photo des membres de sa famille. Il les fait se mettre en place et s'écrie :

- Attention, ne bouzez plus!

Les restaurants MacDonald ont acheté
54 000 000 livres de pommes fraîches
cette année.

Solutions des charades

100 blagues! Et plus...

N° 11

Blagues et devinettes
Faits cocasses
Charades

Illustrations :
Dominique Pelletier

Conception graphique :
Monique Fauteux

Éditions
SCHOLASTIC

Pour ta participation à la Bataille de livres 2015!! Bravo! Nous sommes fiers de toi! 29 livres!

100 blagues! Et plus…
N° 11
© Éditions Scholastic, 2006
Tous droits réservés
Dépôt légal : 3e trimestre 2013

ISBN : 978-1-4431-3440-8

5 4 3 2 1 Imprimé au Canada 140 13 14 15 16 17

Éditions Scholastic
604, rue King Ouest
Toronto (Ontario)
M5V 1E1
www.scholastic.ca/editions